DIESES ABENTEUERBUCH GEHÖRT:

5 4 3 2 1   15 14 13 12 11
ISBN 978-3-649-60433-4
© 2012 Coppenrath Verlag GmbH & Co. KG, Münster
Alle Rechte vorbehalten, auch auszugsweise
Text: Anja Scheve
Illustrationen: Reiner Stolte
Fotos: siehe Fotonachweis auf Seite 60
Grafische Gestaltung: Christine Freßmann
Redaktion: Susanne Tommes
Printed in China
www.coppenrath.de

Anja Scheve

Zelten

· Ausrüstung · Spiele ·
· Campingküche ·

Mit Illustrationen von Reiner Stolte

COPPENRATH

HALLO, CAMPER!

Im Zelt zu übernachten, ist spannend und vor allem spaßig: Morgens mit den Füßen im taunassen Gras statt auf dem Teppich landen, den ganzen Tag in der Natur unterwegs sein und abends am Lagerfeuer eine Wurst brutzeln, hinauf zu den Sternen gucken und sich Gruselgeschichten erzählen – einfach klasse!

Hier erfahrt ihr, wo und wie man seine Heringe im Boden versenken kann und an was ihr alles denken müsst – ob an die Ausrüstung, den Speiseplan, die Erste-Hilfe-Tasche oder die passende Kleidung. Dazu gibt's jede Menge Tipps, Spielideen, Rätsel sowie wichtige Infos für unvergessliche Tage und Nächte im und ums Zelt herum. Viel Spaß!

Wie wär's mit einer Radtour zum Zeltplatz?

INHALTSVERZEICHNIS

VON JURTEN UND TIPIS

Zelte gibt es in allen möglichen Formen, Farben und Größen. Sie werden für die unterschiedlichsten Zwecke genutzt.

① Tipi
So heißt das Wohnzelt der Indianer in Nordamerika. Über das Gerüst aus Holzstangen werden Felle von Rentieren oder Bisons gelegt. Oben, wo die Holzstangen zusammenstoßen, gibt es eine Öffnung, damit der Rauch der Kochstelle gut abziehen kann.

② Jurte
Die asiatischen Nomaden leben teilweise noch heute in Jurten, zum Beispiel in der Mongolei. Eine Jurte besteht aus einem großen, runden Holzgerüst, das mit Baumwoll- und Filztextilien eingedeckt wird. Jugendgruppen wie die Pfadfinder oder die Falken bauen Jurten in ihren Zeltlagern auf.

③ Zirkuszelt

Wanderzirkusse verwenden es als mobile Spielstätte für ihre Vorführungen. Das Zeltdach sowie die Seitenwände bestehen meist aus Kunststoff. Große Masten in der Mitte sorgen dafür, dass die schweren Planen gehalten werden.

④ Sanitätszelt

In diesem Provisorium werden Verletzte untergebracht und von Sanitätern oder Notärzten behandelt. Sanitätszelte kommen bei großen Veranstaltungen zum Einsatz, beim Militär und bei Hilfseinsätzen, beispielsweise bei Naturkatastrophen.

⑤ Expeditionszelt

Es unterscheidet sich von eurem Zelt durch seine Leichtigkeit und vor allem die enorme Stabilität des Daches und des Gestänges. Denn ein Expeditionszelt muss sehr hohe oder niedrige Temperaturen, Sturm, Schnee und Wasser aushalten.

⑥ Festzelt

Das größte Zelt auf dem Münchener Oktoberfest ist das Hofbräu-Festzelt. Es bietet 10 000 Besuchern Platz!

WOHIN SOLL ES GEHEN?

Bevor ihr eure Siebensachen packt, überlegt ihr: Wo wollt ihr euer Zelt aufschlagen – im Garten, bei Oma oder soll es auf einen Campingplatz gehen?

Einfache Zeltplätze

Sie sind meist sehr ursprünglich gehalten, aber auf den meisten gibt es mittlerweile Duschen und Toiletten, manchmal sogar einen kleinen Einkaufsladen.

Moderne Campingplätze

Sie trumpfen mit einem Unterhaltungsprogramm, einem Supermarkt, großzügigen Küchen, Fernsehräumen, Schwimmbecken, Internet-Anschlüssen, Familienwaschräumen und vielen anderen Extras auf.

Wild zelten

Das ist verboten. Manche Forstbehörden gestatten es jedoch auf Nachfrage.

Bauernhöfe

Einige Landwirte erlauben das Zelten auf ihren Äckern und Wiesen gegen Zahlung eines kleinen Betrages. Vorher fragen!

DER PASSENDE UNTERSCHLUPF

Kaum ein Zelt sieht aus wie das andere. Von der Größe und Form ist das Gewicht abhängig. Das ist nicht unwichtig, denn ihr müsst es auch tragen. Klärt deshalb:

Die Personenzahl

Wie viele Personen seid ihr und wie viele Schlafplätze und demnach Zelte braucht ihr? Tipp: Wer vorher großzügig plant, wird hinterher komfortabel nächtigen.

Die Anreise

Wie erreicht ihr euren Zeltplatz? Fahrt ihr mit der Bahn, dem Bus, dem Fahrrad oder in Papas Auto? Davon hängt ab, wie viel Gepäck ihr mitnehmen könnt und was es wiegen darf.

Die Leihgaben

Wer hat ein Zelt zu verleihen? Wenn ihr zum ersten Mal im Freien übernachtet, fragt am besten im Freundes- und Verwandtenkreis nach, bevor ihr das Portemonnaie zückt und euch ein eigenes Zelt zulegt.

VERSCHIEDENE ZELTTYPEN

Das Igluzelt

Vorteile: viel Platz, recht windstabil; weil freistehend, kann man es aufgebaut von A nach B tragen; für einen sicheren Stand abspannen
Nachteile: manchmal hohes Gewicht

Das Tunnelzelt

Vorteile: recht geräumig, zusammengepackt platzsparend, die größeren Zelte haben mehrere Schlafkabinen
Nachteile: nicht freistehend, die größeren Zelte sind recht windempfindlich

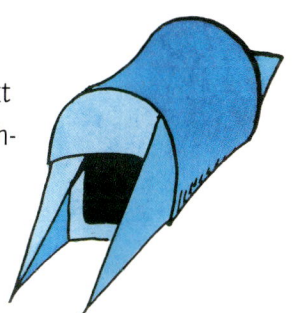

Das Steilwandzelt

Vorteile: viel Platz, sehr bequem, meist mehrere Schlafkabinen
Nachteile: hohes Gewicht, nicht besonders windstabil, schwerer Aufbau, nur für Leute, die häufig zelten und mit dem Auto anreisen

Das Wurfzelt

Vorteile: sehr leichter und blitzschneller Aufbau
Nachteile: großer Durchmesser im zusammengefalteten Zustand; je größer die angegebene Personenzahl, desto komplizierter der Abbau

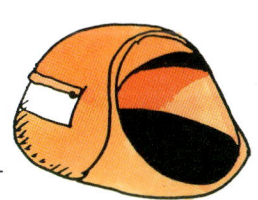

DER ZELTKAUF

Die Wolken kündigen Wind und Regen an. Ob das Zelt hält?

Wenn ihr ein Zelt kaufen wollt, achtet auf Folgendes:

Die Dichtheit

Wie dicht ein Stoff ist, verrät die Wassersäule. Sie gibt die Menge an Wasser an, die auf einer Fläche „stehen" kann, ohne dass das Wasser durchdrückt. Beim Zeltdach ist eine Wassersäule von mindestens 1 500 Millimetern gefordert, beim Zeltboden 2 000 Millimeter. Denn auf ihm lastet der Druck der Personen, und unter dem Zelt angesammeltes Wasser darf natürlich nicht durchgedrückt werden.

Grundsätzlich gilt: Je höher die Zahl, desto dichter ist das Zelt. Nähte und Reißverschlüsse sollten in jedem Fall gut versiegelt sein, denn sonst kann hier Feuchtigkeit eindringen.

Die Farbe

In wärmeren Gefilden wird ein dunkles Zelt schnell zur Sauna. Ein heller Stoff dagegen reflektiert das Sonnenlicht.

Die Stabilität

Für die (Wind-)Stabilität eines Zeltes ist vor allem das Gestänge verantwortlich. Die Stangen von Expeditionszelten bestehen aus hochwertigem Aluminium. Schlagt ihr euer Lager in stürmischen Gegenden auf, solltet ihr auch auf den Stoff und seine Verarbeitungsqualität achten.

Doppelwand und Vorraum

Sicher kann man auch unter einer schlichten, einwandigen Behausung schlafen. Die meisten Zelte haben jedoch eine Innen- und eine Außenwand. Prima ist auch ein Vorraum. Hier könnt ihr eure Sachen trocken lagern.

Im Vorraum lassen sich Schuhe, Getränkeflaschen und eingepacktes Klopapier prima unterbringen.

TESTAUFBAU MIT HERINGEN

Bevor ihr zum Zelttrip aufbrecht, führt ihr einen Probeaufbau durch. Dann seht ihr, wie's geht, und seid bestens vorbereitet. Und ihr wisst, ob die Reißverschlüsse funktionieren und ob alle Stangen, Leinen und Heringe vorhanden sind.

Heringe aus Plastik, Holz oder Aluminium brechen bzw. verbiegen leicht. Am stabilsten sind Heringe aus verzinktem Stahl. Mit ihrer Rinne in der Mitte sehen sie wie eine schmale Schaufel aus. Sie halten prima in weichen Böden. Ihr Kopf sollte gebogen und stabil sein, damit man die Heringe gut im Boden versenken und die Abspannleine daran befestigen kann. Ist euer Zeltplatzboden hart, empfehlen sich Stahlheringe ohne Rinne, auch Nägel oder Felsbodenheringe genannt.

Wenn ihr nicht wisst, wie der Untergrund auf eurem Zeltplatz beschaffen ist, nehmt am besten zwei Sätze Heringe mit – einen Satz für den weichen Boden, einen für den harten. Fehlt euch ein Hering, schnitzt euch einen Ersatz aus Holz. Oder aber ihr schaut auf dem Campingplatz nach, ob jemand irgendwo einen vergessen hat.

Ratsam ist es, unter euren Zeltboden eine **Kunststoff-Plane** zu legen. Sie dient zum einen als Nässeschutz. Zum anderen schützt sie euren Zeltboden vor Steinen, Zweigen und Schmutz. Die Plane sollte immer etwas kleiner sein als das Zelt. Ist sie zu groß, kann sich dort Regenwasser sammeln und nach innen dringen.

Abspannleinen sind ein wichtiges Utensil beim Campingurlaub. Guckt, dass ihr genügend dabei habt. Leider sind sie in gespanntem Zustand eine fiese Stolperfalle, nicht nur am Tag, sondern besonders in der Nacht. Die einfachste Möglichkeit, sie sichtbar zu machen: Reißt lange Streifen Alufolie ab und bindet sie an die Leinen. Habt ihr keine Folie zur Hand, tun es auch ein paar ausrangierte Plastiktüten. Die Methode gewinnt zwar keinen Schönheitspreis, schützt aber vor blauen Flecken. Für den Fall, dass mal eine Leine reißt, packt ihr eine Erstatzleine ein. Das Gleiche gilt für die **Zeltstangen**.

VON MATTEN UND SÄCKEN

Wer nach einem aufregenden und anstrengenden Tag am Abend ins Zelt schlüpft, freut sich auf ein bequemes und warmes Bett. Daher dürfen eine vernünftige Unterlage und ein guter Schlafsack nicht fehlen.

Der Klassiker ist die **Luftmatratze**. Zum Aufpumpen benötigt ihr einen Blasebalg, der zusätzliches Gepäck bedeutet. Keinesfalls leichter ist es, die eigenen Lungen arbeiten zu lassen. Weiterer Nachteil: Manchmal geht einer Matratze die Luft aus – und die Suche nach dem Loch ist alles andere als witzig.

Weil Luftmatratzen nicht besonders gut nach unten isolieren, solltet ihr auf jeden Fall noch eine **Isomatte** darunterlegen. Auf der könnt ihr aber auch ganz ohne Luftmatratze schlafen, allerdings ist das ziemlich hart. Dafür ist eine Isomatte vielfältig einsetzbar, zum Beispiel abends als Unterlage vorm Lagerfeuer.

Etwas luxuriöser, da dicker, ist die Luftmatratzen-Isomatten-Kombination: die **selbstaufblasende Isomatte**, die sich nach dem Öffnen eines Ventils von selbst ausdehnt.

Wichtig ist auch ein guter **Schlafsack**. Offene Deckenschlaf-
säcke sind nur für den Sommerurlaub geeignet. In einem Mu-
mienschlafsack könnt ihr hingegen auch in kalten Nächten
schön schlummern. Von Vorteil sind eine verdeckte Reißver-
schlussnaht sowie eine Kapuze.

Richtig gemütlich!

Tipp: Wenn's tagsüber draußen eher nass ist, knuddelt euren
Schlafsack gut zusammen, damit er nicht feucht wird. Und:
Wenn ihr ihn zusammenrollt, immer am Fußende anfangen,
damit die Luft oben entweichen kann!

„Frostbeulen" nehmen zusätzlich eine leichte **Decke** mit.
Sie ist auch am Tag als Unterlage oder Strandmattenersatz
einsetzbar. Und wer nicht ohne **Kissen** schlafen will, kann
entweder seine Jacke in den Schlafsackbeutel stecken oder
packt ein aufblasbares Kopfkissen ein.

DIE RICHTIGE KLEIDUNG

Überlegt, wie viele Tage ihr unterwegs seid, und nehmt nur so viel Kleidung mit, wie ihr benötigt. Zwiebellook heißt das Zauberwort. Ist euch zu warm, legt ihr nach und nach eine Schicht ab. Friert ihr, zieht ihr eine Lage nach der anderen an.

Das sollte mit: Unterwäsche, Socken, dicke Wollsocken für abends und nachts, leichte Hosen, lang- und kurzärmelige Shirts, warmer Pulli, Regenjacke, Badelatschen, feste Schuhe, eventuell Gummistiefel, Schwimmsachen, Schlafanzug, Sonnenhut oder Bandana.

Auch für nachts gibt es eine Kleiderregel – vorausgesetzt, ihr habt einen warmen Schlafsack: Zieht darin möglichst wenig an. Wichtig ist, dass ihr den Reißverschluss bis obenhin schließt. Ihr werdet sehen: Euch wird warm!

Sind eure Schuhe nass, rammt einfach zwei Äste in den Boden und stülpt eure Schuhe zum Trocknen darüber.

ERSTE-HILFE-AUSRÜSTUNG

Ins Erste-Hilfe-Täschchen gehören: Pflaster, Verband, Schere, Desinfektionsspray, Fingerstülper zum Verbandschutz, Sicherheitsnadeln zum Befestigen von Verbänden, Sonnenschutzmittel, Anti-Mücken-Mittel, Zeckenkarte, Mückenstift.

Seid ihr ausreichend geimpft? Fragt eure Eltern. Ganz wichtig ist ein Tetanusschutz. Tetanus, auch Wundstarrkrampf genannt, ist eine schwere Infektionskrankheit. Dabei gelangen Bakterien durch kleinere Schnitt-, Riss-, Biss- oder Schürfwunden sowie offene Ekzeme und Verbrennungswunden in die Haut und bilden dort ein krank machendes Gift.

Solltet ihr in Gebiete reisen, in denen Zecken die sogenannte Frühsommer-Meningoenzephalitis (FSME) übertragen, solltet ihr euch vor dem Urlaub impfen lassen. Achtet darauf, dass ihr die Impfung nicht erst am Tag vor eurer Abreise bekommt, sondern frühzeitig plant.

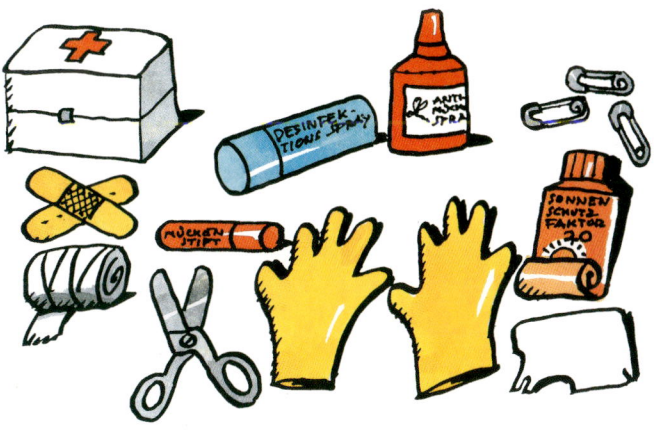

WAS IHR SONST NOCH BRAUCHT

Eine Wäscheleine ist sehr praktisch.

Warum braucht man zum Zelten eine Wäscheleine? Nach dem ersten Regenschauer wisst ihr's. Es gibt viele nützliche Dinge, die einem das Leben auf dem Zeltplatz erleichtern:

- Plastiktüten (unter anderem zum Müllsammeln)
- Textil-Klebeband (provisorisches Hilfsmittel, zum Beispiel wenn ein Loch im Zelt geflickt oder eine gebrochene Zeltstange repariert werden muss)
- Nähzeug (wenn mal etwas reißt)
- Gummihammer (für die Versenkung der Heringe)
- Handfeger und Putzlappen (um das Zelt zwischendurch und beim Abbauen sauber zu machen)
- scharfes Taschenmesser mit abgerundeter Spitze (zum Schnitzen, Seilabschneiden oder in der Küche – Achtung: Unscharfe Messer erhöhen die Unfallgefahr!)
- Taschenlampe oder Stirnlampe
- Karabinerhaken (damit ihr etwa eure Taschenlampe im Zelt aufhängen könnt und die Hände frei habt)

- Trinkflasche
- Zahnbürste, Zahnpasta, Haarbürste, Klopapier
- Waschlappen und Handtuch
- Wäscheleine und Wäscheklammern (zum Schlafsacklüften oder Trocknen nasser Sachen)
- Ball, Frisbeescheibe oder Indiaca
- Luftballons (für eine zünftige Wasserschlacht!)
- Reflektoren mit Bändchen (prima Wegweiser für die Nachtwanderung oder zum Wiederfinden eures Zeltes im Dunkeln), Alternative: Knicklichter, die jedoch viel Müll machen
- Bücher, Kartenspiel, Kuscheltier
- Tischtennisschläger und Tischtennisbälle (eine Tischtennisplatte gibt es auf fast allen Campingplätzen)
- alte einfarbige T-Shirts und Bettlaken, Textilfarbe, Schminke, eine Schere und Bindfaden, falls ihr euch verkleiden oder etwas basteln oder bauen wollt

DIE CAMPING-KÜCHE

Hier steht, welches Equipment ihr benötigt, damit es nicht jeden Tag trockenes Brot gibt. Rezepte findet ihr ab Seite 42. Was vorab auf keinen Fall fehlen darf, ist ein Essensplan. Daher überlegt erst einmal:

- Wie viele Personen seid ihr?
- Wie viele Tage bleibt ihr?
- Wie viele Mahlzeiten werdet ihr vor Ort vertilgen?

Dann macht ihr eine Liste, auf der ihr alle Lebensmittel notiert, die ihr mitnehmen wollt, und packt so viel ein, wie nötig ist und ihr tragen könnt.

Lebensmittel und Zutaten:
Müslimischung, Trockenobst und Nüsse, Marmelade, Honig, Knäckebrot, Olivenöl, Brühwürfel, Tütensuppen, Brüh- und Grillwürstchen, Reis, Nudeln, Kartoffeln, Zucker, Salz, Pfeffer und andere Gewürze (am besten in verschließbaren Behältern), Zwiebeln, Trockenhefe, Marshmallows/Mausespeck, „Futter" in Dosen (etwa Erbsen, Tomaten etc.), Kekse, frisches Obst (zum Beispiel Äpfel), Wasser und/oder Saft.

Zur Kochausrüstung gehören:

Dosenöffner, zwei Töpfe, Pfanne, flacher Teller, tiefer Teller oder Müslischale, Becher, Alufolie (für Lagerfeuer-Leckereien), Frischhaltefolie, Löffel, Messer, Gabel, Kochlöffel, Schälmesser, Schöpfkelle, Topflappen, Schneidebrett, Grillspieße, Grillzange, Rührschüssel, Butterbrotdosen, Spülschwamm und -mittel, Geschirrtuch, Campingkocher mit Brennmaterial, Feuerzeug oder Streichhölzer, eine Spülschüssel aus Plastik.

Tipp: Nehmt Teller und Becher aus Kunststoff sowie älteres Besteck mit, das einen Kratzer abbekommen darf. Wenn ihr mehrere Töpfe einpackt, achtet darauf, dass sie ineinanderpassen. Das spart Platz!

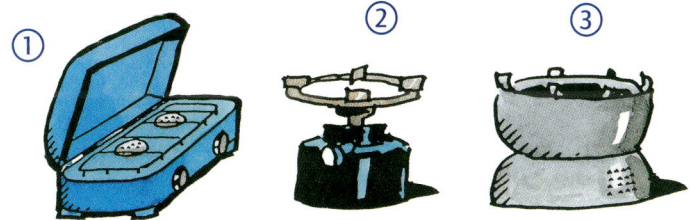

Verschiedene Campingkocher

① **Kocher für Gasflaschen:** Nur etwas für Camper, die mit dem Auto unterwegs sind.

② **Kocher für Gaskartuschen:** Die Kartuschen sind klein und leicht und überall zu kaufen. Achtung: Es gibt Kocher für Steck- und Kocher für Schraub-Kartuschen.

③ **Spirituskocher:** Unverwüstlich und – anders als die Gaskocher – auch bei Wind gut einsetzbar. Aber es dauert länger, Wasser zum Kochen zu bringen.

DER SCHWEDENSTUHL

Er ist bequem, gut zu transportieren und einfach zu bauen: der Schwedenstuhl. Dieser kleine, aber feine Campingstuhl besteht aus zwei Teilen, der Sitzfläche und der Lehne, die vor der Benutzung ineinandergesteckt werden. Ihr könnt darauf prima sitzen, sei es tagsüber beim Essen oder abends vorm Lagerfeuer. Das freut nicht nur euren Rücken, sondern auch eure Kleidung, die weder nass noch dreckig wird.

Am einfachsten ist es, wenn ihr ihn schon vor eurer Abreise baut. Das geht recht einfach. Denn der Schwedenstuhl ist nicht nur mit wenigen Handgriffen einsatzbereit, sondern auch schnell selber anzufertigen. Hier steht, wie's geht. Fragt einen Erwachsenen um Hilfe beim Besorgen des Materials, beim Zuschneiden und Bohren der Hölzer. Los geht's!

A = Sitzfläche
B = Seitenteil (braucht man zwei Mal für das Rückenteil)
C = Rückenteil (hier wird später der Stoff eingespannt)
Maßangaben in mm

Ihr braucht:

Zollstock, Bleistift, Säge, Schleifpapier, Akkuschrauber/-bohrer, 2-mm-Bohrer, 520 cm gehobelte Dachlatte (25 x 45 mm stark), 32 Holzschrauben (Spax), Pinsel und Lack, stabilen Baumwollstoff mit umnähten Kanten (43,4 x 45 cm), Tacker.

Und so wird's gemacht:

1. Als Erstes sägt ihr die einzelnen Stücke zu: 2 x 70 cm, 2 x 55 cm, 8 x 32 cm.
2. Dann glättet ihr die Kanten mit dem Schleifpapier.
3. Anschließend schraubt ihr die Teile mit jeweils zwei Schrauben zusammen, wie die Bilder es zeigen.
4. Um das Holz wetterfest zu machen, lackiert ihr es.
5. Sobald der Lack trocken ist, spannt ihr den Stoff so über die Rückenlehne, dass ihr die Enden auf der Rückseite innen an den Längshölzern festtackern könnt. Fertig!

KLEINE REGELKUNDE

Endlich angekommen! Bevor ihr euch ein schönes Plätzchen sucht, müsst ihr euch an der Rezeption anmelden. Hier findet ihr meist auch eine Hausordnung. Diese Regeln sowie die folgenden Tipps solltet ihr einhalten.

- Macht weder unnötig Lärm, noch lasst eure Sachen und euren Müll einfach herumliegen.
- Ordnung ist das halbe Campingleben! Packt eure Sachen nach Gebrauch wieder an Ort und Stelle. Eure Nerven und Mitreisenden danken's euch.
- Stiefelt nicht einfach kreuz und quer über den Platz, sondern nur auf vorgegebenen Wegen.
- Um zu verhindern, dass Tiere euer Zelt heimsuchen, solltet ihr Müll und Lebensmittelreste nie offen herumliegen lassen. Mülltüten darum immer hoch hängen.
- Wenn ihr euren Zeltplatz verlasst, sagt Bescheid und geht immer mindestens zu zweit. Sollte sich einer von euch verletzen, kann der andere Hilfe holen.
- Nachts aufs Klo? Nehmt eine Taschenlampe mit.
- Spülen, Frühstück machen, Platz in Ordnung halten und so weiter – verteilt die Aufgaben gerecht auf alle.

DER RICHTIGE STANDORT

Sucht euch in Ruhe einen schönen Platz aus und beachtet dabei Folgendes:

Der Boden

Der Boden sollte schön gerade sein – und möglichst nicht zu hart. Denn das hat den Nachteil, dass das Wasser schlecht abfließen kann und zudem die Heringe schwerer versenkt werden können. Ideal ist ein schöner Rasenplatz.

Direkt am Wasser zu zelten, ist wunderschön – ein paar Dinge solltet ihr jedoch wissen.

Das Wasser

Baut das Zelt nicht in einer Kuhle oder einer Senke auf. Denn wenn es stark regnet, sammelt sich hier das Wasser. Sollte es auf eurem Platz einen See oder Fluss geben, sind die direkt am Wasser liegenden Plätze wahrscheinlich die schönsten. Doch bedenkt: Erstens gibt es hier immer mehr Mücken. Zweitens zieht es viele andere Camper zum Baden dorthin. Und drittens ist es gerade abends und nachts am Wasser immer feuchter.

Die Bäume

Nicht alles Gute kommt von oben: Wird's mal stürmisch, können Äste herabfallen. Auch im Falle eines Gewitters seid ihr unter einem Baum nicht sicher: Blitzgefahr! Und wenn es regnet, tropft es dort auch dann noch, wenn der Schauer schon längst vorüber ist. Eine gute Alternative ist es, sein Lager in der Nähe von Bäumen, Büschen oder Hecken aufzuschlagen. So könnt ihr trotzdem noch von ihrem Schatten profitieren, habt ein bisschen Sichtschutz und könnt prima eure Wäscheleine an den Bäumen befestigen.

Der Wind

Wer sich einen Platz auf einer freien Fläche oder einem Hügel sucht, bietet dem Wind viel Angriffsfläche. Gibt es jedoch keine Alternativen, achtet darauf, dass die Schnüre stramm gespannt sind. So ist die Angriffsfläche kleiner, außerdem kann das Regenwasser besser ablaufen. Ist es allerdings während eures Urlaubs richtig heiß, werdet ihr auf freier Fläche schon früh am Morgen von der heißen Sonne geweckt.

DAS ZELT AUFBAUEN

Oberste Camping-Regel: Erst die Arbeit, dann das Vergnügen!
Also zuerst das Zelt aufbauen, denn später könnte es regnen
oder die Dämmerung überrascht euch. Hier ein paar Tricks
und Kniffe, die das Aufstellen erleichtern:

- Wenn ihr mit dem Auto anreist, ist es von Vorteil, wenn ihr
  zu Hause euer Zelt als Letztes einpackt. Denn dann habt
  ihr es auf dem Campingplatz sofort griffbereit zum Aufbau.
- Legt alles, was ihr zum Errichten benötigt, parat.
- Vorsicht, Funkenflug: Habt ihr eine Feuerstelle in der Nähe
  eures Zeltes, sorgt für einen ausreichenden Abstand.
- Schaut, dass der Boden frei von Ästen und Sonstigem ist.
  Sie können rasch für Löcher in eurem Zeltboden sorgen.
  Wenn ihr eine Plane habt, legt diese als Erstes aus.
- Das Zelt stets mit verschlossenem Eingang aufstellen. Sonst
  ist es nach dem Aufstellen schwierig, den Reißverschluss
  herunterzuziehen.

- Achtet darauf, dass der Eingangsbereich eures Zeltes nicht in die Hauptwindrichtung zeigt. Denn eine Nacht im Windkanal ist nicht besonders erholsam.
- Wenn ihr die Heringe mit dem Gummihammer in den Boden haut, tut dies möglichst schräg zur Zugrichtung der Schnüre.
- Achtet immer darauf, dass die Heringe ganz im Boden stecken. Verletzungsgefahr! Falls die Heringe sich jedoch nicht ganz versenken lassen, deckt sie mit etwas ab, etwa einem aufgeschnittenen Tennisball.
- Ganz zum Schluss zieht ihr die Abspannleinen fest. Wenn ihr euer Zelt am Nachmittag errichtet, hängen Stoff und Leinen vielleicht am Abend durch. Das liegt an der Feuchtigkeit in der Luft. Spannt in diesem Fall einfach nach.
- Nun könnt ihr eure Sachen einräumen. Euren Rucksack und das Küchenequipment könnt ihr im Vorraum platzieren.

Tipp: Wenn ihr Hilfe braucht, fragt einfach eure Nachbarn.

SPASS UNTER FREIEM HIMMEL

Viele Campingplätze haben tolle Angebote für Kinder. Fragt einfach an der Rezeption nach, dort liegen häufig Flyer mit den Angeboten in der Gegend. Gute Ratgeber können auch eure Nachbarn sein. Was ihr sonst noch machen könnt, findet ihr auf den nächsten Seiten.

Super ist das Bemalen und Hissen einer eigenen Zeltflagge oder eines eigenen Banners. Überlegt euch einen Namen und ein Zeichen für eure Gruppe, pinselt beides auf ein ausrangiertes Laken, befestigt es an einem dicken Ast und stellt ihn auf eurem Zeltplatz auf.

Auch ein Schlachtruf kommt immer gut an, zum Beispiel „Zickezacke zickezacke hoihoihoi"!

PIRATEN, INDIANER UND CO.

Wie wär's mit einem Motto für euer Zeltlager?

Ritter
Malt auf euer T-Shirt und die Wangen große Wappen. Einen
Helm könnt ihr aus Pappe basteln oder ihr wickelt Alufolie
um euren Fahrradhelm und klebt sie mit Klebeband fest. Aus
Stöcken lassen sich Schwerter und Dolche schnitzen – fertig
ist die Ritterausrüstung. Dann blast ihr zehn Luftballons
auf oder füllt sie mit Wasser und hängt sie an Büsche oder
Bäume. Wer als Erster drei Stück mit dem Schwert zerstochen
hat, ist Sieger.

Piraten
Auf dem T-Shirt eines gefährlichen Seeräubers prangt ein Hai
oder ein Totenkopf. Mit schwarzer Schminke könnt ihr euch
eine Augenklappe, einen Stoppelbart und Tätowierungen ins
Gesicht malen. Dazu ein Kopftuch umbinden – fertig! Messt
euch im Armdrücken oder startet eine Floßregatta.

Indianer

Wer sich auf die Spuren von Winnetou begibt, malt auf sein T-Shirt bunte Muster. Dazu passt eine gefährlich aussehende Kriegsbemalung, zum Beispiel Streifen im Gesicht. Findet ihr Federn, könnt ihr euch ein optimales Stirnband basteln. Gebt euren Zelten typische indianische Namen wie „Duftender Morgen" oder „Bleibt standfest". Spielidee: Sammelt kleine Steine und buddelt eine Mulde. Wer schafft es als Erster, seine Steine dort aus fünf Schritten Entfernung zu versenken?

Zirkus

In der Manege ist immer etwas los! Tierisch gut: Tiger-, Löwen- und Affen-Masken. Dazu benötigt ihr nur Pappe, Stifte und ein Hutgummi. Wer sich als Clown verkleiden möchte, verziert sein T-Shirt mit bunten Kringeln und malt sich die Nase rot. Und schon startet der Grimassen-Wettbewerb (die gruseligste, die lustigste, die gefährlichste ... Grimasse). Oder ihr füllt einen Becher mit Wasser, stellt ihn auf einen Teller und legt eine feste Strecke fest: Wem gelingt es, mit vollem Becher im Ziel anzukommen?

SCHNITZT EUCH WAS!

Lust auf kleine Kunstwerke und praktische Hilfsmittel wie Schuhtrockner und Stockbrot-Stab? Wichtig:

- Schnitzt immer im Sitzen.
- Schnitzt immer vom Körper weg!
- Schnitzt immer so, dass die Hand, die das Holz hält, hinter dem Messer liegt.
- Benutzt nur scharfe Messer! Mit stumpfen Klingen kann man sich schnell verletzten.
- Verwendet kein trockenes, sondern frisches Holz, zum Beispiel Birke, Haselnuss oder Linde.
- Setzt euch weit genug auseinander, um Verletzungen zu vermeiden.

Astmikado

Sammelt unterschiedlich dicke Äste. Markiert einen davon, indem ihr mit eurem Schnitzmesser ein Muster hineinritzt. Werft alle Stöcke auf den Boden und versucht, einen nach dem anderen aus dem Haufen zu nehmen, ohne dass die anderen wackeln. Für jeden Stock gibt's einen Punkt, für den markierten Ast gleich zehn.

GEHEIMBOTSCHAFTEN

Zum Zeltlager dazu gehört auf jeden Fall eine Schnitzeljagd nach Pfadfinderart. Teilt euch in zwei Gruppen auf. Die erste Gruppe geht vor und hinterlässt der Verfolgergruppe verschlüsselte Botschaften, die ihr möglichst unauffällig am Wegrand platziert. Die zweite Gruppe nimmt zehn Minuten später die Fährte auf.

	Folgt diesem Weg!		Freunde
	Diesem Weg nicht folgen!		Feinde
	Wir haben geteilt: 3 links, 4 rechts, teilt euch!		Gefahr!
	Weg zum Lagerplatz		Wartet hier 5 Minuten!
	10 Schritte von hier ist eine Mitteilung.		Habe meine Aufgabe erfüllt und bin auf dem Weg nach Hause.
	Trinkwasser		
	Weg zum Wasser, das man nicht trinken kann		

Die Botschaften müssen so unauffällig zurückgelassen werden, dass sie nur vom geübten Auge erkannt werden können. Ihr könnt sie aus herumliegenden Ästen, Holz oder Steinen legen. Oder ihr ritzt sie vorsichtig mit einem Ast in den Boden. Verwendet kein Papier, denn das könnte vom Wind weggeweht werden.

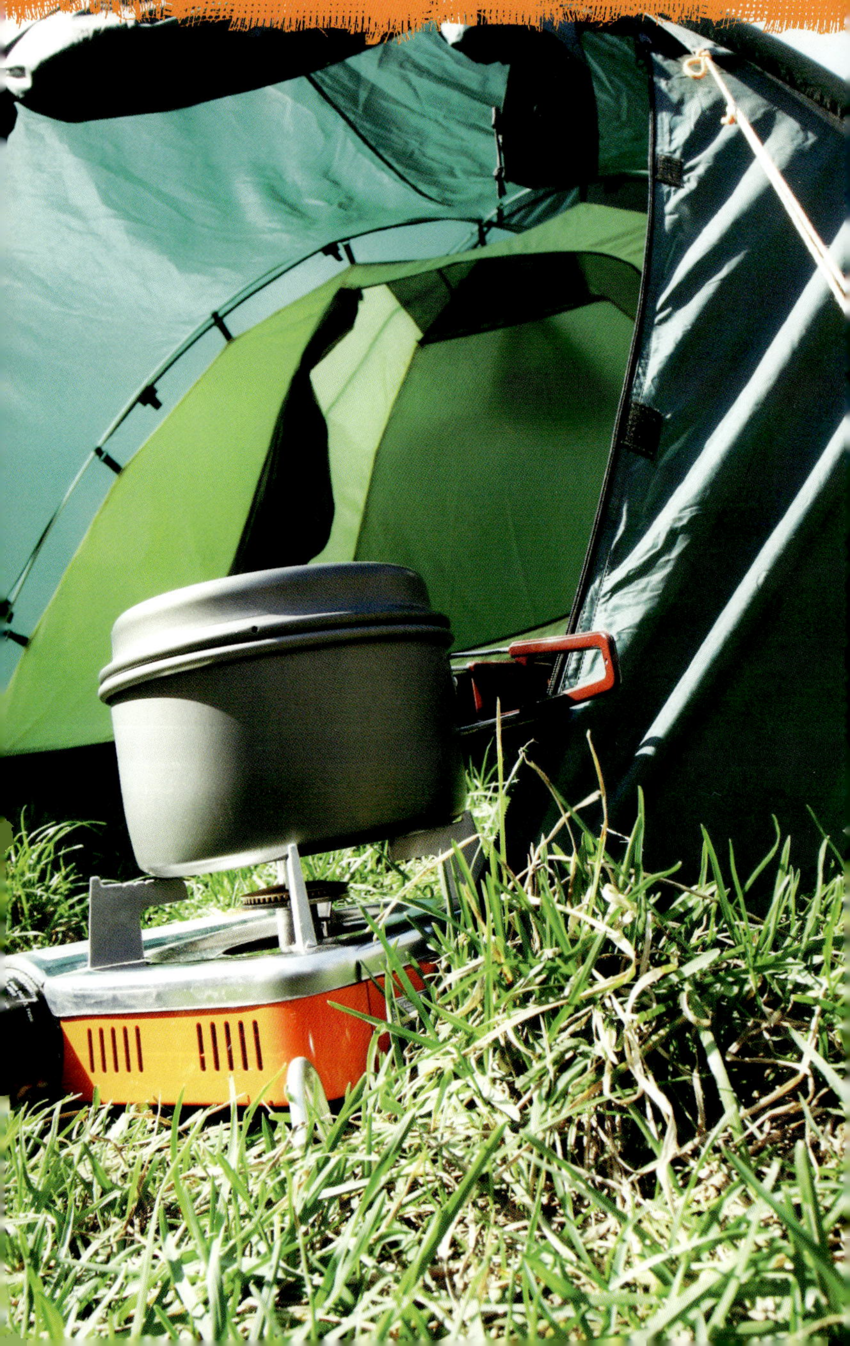

DIE OUTDOOR-KÜCHE

Auf den nächsten Seiten könnt ihr nachlesen, wie ihr in eurer mobilen Küche leicht und lecker satt werdet. Die Mengenangaben gelten für eine Person.

Vorab ein paar Koch- und Spültipps:

- Für den ersten Abend zaubert ihr zu Hause einen leckeren Nudelsalat und nehmt ihn mit.
- Tiere lieben Vorräte. Darum verstaut ihr eure Lebensmittel in verschließbaren Dosen oder Kisten oder verpackt sie und hängt sie an eure Wäscheleine.
- Versucht, beim Essen möglichst alle Sachen zu verputzen und nichts übrig zu lassen.
- Wenn ihr nach dem Essen alles sofort spült, geht das leichter als am nächsten Morgen. Tipp: Hartnäckige Reste in unbeschichteten Töpfen mit Sand wegschrubben!
- Kauft keine leicht verderblichen Sachen wie Milch oder frisches Fleisch auf Vorrat, denn ihr habt ja keinen Kühlschrank.

Wichtige Hinweise zum Campingkocher:

- Gebrauchsanweisung lesen!
- Den Kocher nur mit einem Erwachsenen benutzen!
- Für einen sicheren Stand sorgen! Denn wenn der Kocher wackelt, wird's gefährlich.
- Da die Temperatur auf dem Campingkocher schnell steigt, immer gut umrühren, damit nichts anbrennt!

DAS ZELT-FRÜHSTÜCK

Morgens küsst euch die Sonne wach oder ihr schreckt durch das Tellergeklapper oder Geplapper eurer Nachbarn auf. Der Tag kann also beginnen – am besten mit einem Frühstück unter freiem Himmel. Hier ein paar Ideen:

Stulle mit Belag

Auf einer dünnen Butterschicht gehen süße Aufstriche immer, doch vielleicht habt ihr ja auch Käse und Dauerwurst mitgenommen oder im Lädchen vor Ort gekauft. i-Tüpfelchen: Frische Gurkenscheiben hinzufügen!

Müsli

Eine Grundmischung habt ihr mitgenommen. Vor Ort schnipselt ihr frische Äpfel, Bananen oder anderes Obst hinein. Dazu Milch oder Naturjoghurt und etwas Honig – fertig!

Strammer Max

Wer morgens schon den Campingkocher anwerfen will, brät sich ein Ei in der Pfanne mit etwas Butter oder Öl. Salzen, pfeffern, eine Scheibe Schinken oder Käse dazu und ab aufs Brot. Wie wär's noch mit ein paar Tomatenscheiben?

SNACKS FÜR ZWISCHENDURCH

Aktiven Abenteurern knurrt spätestens mittags der Bauch.
Und weil Hunger schnell schlechte Laune mit sich bringt,
achtet darauf, dass ihr immer etwas zu futtern dabei habt.

Sandwich
Belegt eine Scheibe Brot mit allem, was euch gut schmeckt.
Dann eine zweite Brotscheibe obendrauf und das Ganze
diagonal durchschneiden, sodass zwei Sandwichs entstehen.
In Frischhaltefolie gewickelt, bleiben sie frisch, fallen nicht
auseinander und jeder sieht sofort, was drauf ist.

Rohkost
Ob in Stiften oder Scheiben: Egal in welche Form ihr euer
Gemüse (Möhren, Paprika, Gurken, Kohlrabi) schneidet, es
schmeckt immer lecker.

Studentenfutter
Einfach getrocknetes Obst klein schneiden, Nüsse und Kerne
hinzufügen – fertig ist der Energielieferant.

HEISSES VOM CAMPINGKOCHER

Draußen selber kochen – das ist ein Riesenspaß! Schnell die Aufgaben für Schnipseln, Umrühren und Co. verteilen – schon kann's losgehen.

Tortilla

Ihr braucht:
2 Eier, 1 Tasse Mineralwasser mit Kohlensäure, Salz, Pfeffer, 2 Tomaten, 1 Zwiebel, etwas Öl, 1 Paket Fetakäse.

Und so wird's gemacht:
1. Verquirlt die Eier mit dem Mineralwasser.
2. Würzt das Ganze mit Salz und Pfeffer.
3. Wascht die Tomaten, schält die Zwiebel und schneidet alles klein.
4. Gebt das Öl in eure Pfanne und dünstet die Zwiebelstückchen darin.
5. Fügt die Tomatenstückchen hinzu und bratet sie zwei Minuten mit.
6. Zerbröselt den Fetakäse, gebt ihn dazu, rührt kräftig um und gießt dann die Eiermasse dazu.
7. Nun die Eier auf kleiner Flamme stocken lassen, also ganz langsam braten (etwa 5 Minuten).

Risi-Bisi

Ihr braucht:

1 Zwiebel, etwas Öl, ½ Becher Reis, 1 Becher warmes Wasser,
1 Brühwürfel, ½ Dose Erbsen und/oder Mais, etwas Butter,
Salz und Pfeffer.

Und so wird's gemacht:

1. Schält die Zwiebel und schneidet sie klein.
2. Lasst das Öl in einem Topf heiß werden und gebt dann die
   Zwiebelstückchen hinein.
3. Nun den Reis und das Wasser mit dem aufgelösten Brühwürfel dazugeben, umrühren und das Ganze 20 Minuten
   quellen lassen.
4. Kurz bevor der Reis gar ist, die Erbsen (den Mais) hinein-
   schütten.
5. Zum Schluss ein wenig buttern, salzen und pfeffern.

WENN DER TAG ZU ENDE GEHT …

Im Dunkeln lässt's sich nicht nur gut munkeln, ihr könnt auch tolle Abenteuer erleben. Denn alles bekommt plötzlich eine ganz andere Bedeutung und ein anderes Aussehen als bei Tageslicht: Der Baum ist nun riesig und unheimlich, der Weg viel unebener und ins Nichts führend, es ist still geworden und von irgendwoher kommen unbekannte Geräusche.

Damit ihr euch auch im Dunkeln auf dem Campingplatz gut zurechtfindet, prägt ihr euch am besten schon im Hellen den Weg von eurem Zelt zu den Toiletten gut ein. Bäume, markante Gegenstände wie euer Banner und am Zelt baumelnde Reflektoren helfen euch bei der Orientierung.

Wenn die Sonne untergeht, ist die richtige Zeit für ein Lagerfeuer mit leckerem Essen und unheimlichen Spielen. Und anschließend startet ihr noch zu einer aufregenden Nachtwanderung. Auf den nächsten Seiten findet ihr jede Menge Ideen und hilfreiche Tipps.

LAGERFEUER? ABER SICHER!

Nicht nur Indianer und Cowboys lieben Lagerfeuer! Jeder, der schon einmal im Schneidersitz oder auf dem Schwedenstuhl verträumt den Flammen zugeschaut und dabei ein paar Witze, Rätsel oder Lieder zum Besten gegeben hat, weiß: Ein Lagerfeuer ist etwas Feines – gerade dann, wenn der Himmel sein Licht ausknipst. Beim Aufbau und beim Anfeuern gibt's wichtige Dinge zu beachten.

Sicherheitshinweise:

- Auf vielen Campingplätzen sind Lagerfeuer verboten. Vielerorts gibt es aber extra dafür vorgesehene Stellen. Fragt an der Rezeption!
- Ein Lagerfeuer immer nur gemeinsam mit einem Erwachsenen machen.
- Achtet auf ausreichenden Abstand zu allem Brennbaren (Zelt, Bäume …) und auf den Wind. Denn der kann für einen kräftigen und gefährlichen Funkenflug sorgen.
- Haltet für den Notfall immer eine Schüssel Wasser zum Löschen bereit.

Und so wird's gemacht:

- Sucht trockene Äste, herabgefallene Zapfen und trockene Blätter.
- Legt zwei starke Äste oder Stämme parallel auf den Boden. Dazwischen packt ihr die Zapfen und die ganz dünnen Äste. Nun legt ihr in Schichten nacheinander die Äste aufeinander. Beginnt mit den dicken und endet mit den dünneren Ästen.
- Bittet einen Erwachsenen, das Feuer in der Mitte mithilfe eines Papiers oder eines dünnen Astes anzuzünden.
- Wollt ihr das Feuer löschen, verteilt das Brennmaterial mit einem Stock und gießt vorsichtig Wasser darauf, bis es nicht mehr dampft.
- Zum Schluss streut ihr Sand oder Erde darüber. Vergewissert euch, dass das Feuer auf keinen Fall wieder aufflammen kann.

Tipp: Wer keinen Schwedenstuhl dabei hat, jedoch nicht auf dem nackten Boden hocken will, der kann sich seine Isomatte aus dem Zelt holen und sie – mit genügend Abstand zum Feuer – als Unterlage verwenden.

LAGERFEUER-LECKEREIEN

Gemüse-Päckchen

Hier ist jeder sein eigener Chefkoch: Legt klein geschnittene Gemüsestücke auf ein Stück Alufolie und würzt das Ganze. Dann nehmt ihr alle vier Alufolien-Ecken, dreht sie zusammen und legt das Päckchen in die Glut. Wendet es mehrmals mit einem Stock, damit es von allen Seiten Hitze bekommt. Nach etwa 20 Minuten seht ihr vorsichtig mit Messer und Gabel nach, ob alles gar ist.

Wichtig:
Die Teigwurst nicht
zu eng wickeln!

Stockbrot

Mischt 500 g Mehl, 1 Päckchen Trockenhefe, 2 Teelöffel Salz, 2 Esslöffel Öl und 250 ml lauwarmes Wasser und knetet alles gut durch. Dann lasst ihr den Teig etwa eine Stunde lang ruhen, bis er deutlich größer geworden ist. Rollt den Teig in 2 cm dicke und etwa 30 cm lange Würstchen und wickelt sie um einen fingerdicken Zweig. Jetzt nur noch über die Glut halten und immer wieder drehen, bis der Teig goldgelb ist.

Kartoffeln im Mantel

Kartoffeln in Alufolie wickeln und in die Glut legen. Mit einer Gabel prüft ihr vorsichtig, ob sie weich sind. Ein Klecks Butter drauf und etwas salzen: Hhhmmmm!

Würstchen

Einfach Grillwürstchen aufspießen und übers Feuer halten. Mit Ketchup oder Senf richtig lecker.

Karamell-Apfel

Spießt einen Apfel auf euren Ast. Haltet ihn solange ins Feuer, bis sich die Schale löst. Taucht dann den Apfel rundherum in Zucker und haltet ihn wieder übers Feuer. Hat sich der Zucker in eine Karamellkruste verwandelt, ist er fertig. Abgekühlt eine Köstlichkeit!

Marshmallows

Ganz einfach, aber lecker. Einen Marshmallow oder ein Stück Mausespeck auf euren Zweig spießen und ans Feuer – nicht direkt in die Flamme – halten. Die Vitamin-Variante: Schneidet Obst (Äpfel, Birnen oder Bananen) in Stücke und spießt sie abwechselnd mit den Marshmallows auf.

Lecker: gegrillte Marshmallows

DES RÄTSELS LÖSUNG

Großer Ratespaß: Einer von euch erzählt eine Geschichte –
allerdings nur mit ganz wenigen Infos. Die Raterunde muss
nun Fragen stellen, um die Knobelaufgabe zu lösen – aber
nur solche, die der Erzähler mit „ja", „nein" oder „unwichtig"
beantworten kann. Los geht's!

Drei Schwäne

Drei Schwäne schwimmen hintereinander im See. Der erste
Schwan sagt: „Hinter mir schwimmen zwei Schwäne." Der
zweite Schwan sagt: „Vor mir schwimmt ein Schwan und hinter mir schwimmt ein Schwan." Der dritte Schwan sagt: „Vor
mir schwimmen zwei Schwäne und hinter mir schwimmt ein
Schwan." Was ist hier passiert?

Lösung: Der dritte Schwan hat gelogen.

Heinz

Heinz lebte alleine. Er hatte nie Besuch. Alle
zwei Wochen wurde ihm alles gebracht, was
er benötigte. In einer stürmischen Nacht
schnappte Heinz über. Er wusch sich, putzte
sich die Zähne, machte das Licht aus und
ging schlafen. Das kostete mehrere Menschen
das Leben! Was ist passiert?

*Lösung: Heinz war Leuchtturmwärter. Hätte er nur
das Licht nicht gelöscht … dann wären nicht so viele
Schiffe an der Küste zerschellt.*

Paul und Paula

Ihr kommt in ein Zimmer. Dort findet ihr Paul und Paula tot
auf dem Boden liegen. Es ist kein Blut zu sehen, jedoch ist
der Teppich unter den Verblichenen nass. Außerdem findet ihr
auf dem Teppich zerbrochenes Glas. Das Fenster zum Garten
steht weit offen. Warum?

*Lösung: Paul und Paula sind Goldfische. Sie schwammen in einem
Goldfischglas auf dem Tisch in der Nähe des Fensters, das nur ange-
lehnt war. Eine Windböe hat das Fenster aufgedrückt, das Glas wurde
dabei vom Fenster heruntergestoßen und zerbrach.*

Der Mann im Aufzug

Ein Mann wohnt im 24. Stockwerk
eines Düsseldorfer Hochhauses.
Jeden Morgen, wenn er zur Arbeit
geht, steigt er in den Aufzug und
fährt ins Erdgeschoss. Abends fährt
er jedoch nur bis in den 18. Stock
und geht die anderen Stockwerke
zu Fuß. Regnet es aber, fährt er bis
in den 24. Stock. Warum?

*Lösung: Der Mann ist sehr klein und
reicht nur bis zur Taste für das 18. Stockwerk. Wenn es jedoch regnet, erreicht er
mithilfe seines Regenschirms auch den
Knopf für den 24. Stock.*

EINE NACHTWANDERUNG

Lust auf eine Wanderung durch die Dunkelheit? Die macht besonders viel Spaß, wenn euer Begleiter die Strecke schon am Tag erkundet und vorbereitet hat, indem er zum Beispiel Reflektoren oder Bänder in die Bäume gehängt hat. Eine gute Hilfe ist auch eine Skizze, die euch den Weg zeigt. Zusätzlich kann er euch wie bei einer Schnitzeljagd an einigen Stellen bestimmte Aufgaben zum Lösen hinterlassen. Damit ihr beim Wandern unterm Sternenzelt viel Freude habt, solltet ihr Folgendes beachten:

- Begebt euch nie allein auf eine Nachtwanderung, sondern immer nur mit einem erwachsenen Begleiter.
- Achtet darauf, dass eure Gruppe immer vollzählig ist und zusammenbleibt.

- Wird auch nur einem von euch die Sache zu unheimlich, kehrt zum Zelt zurück.
- Zieht euch warm genug an. Nachts ist es nicht nur kälter, sondern meist auch feuchter als tagsüber. Denkt an die Zwiebelkleidung!
- Tragt feste Schuhe, denn gerade im Dunkeln kann man schlechter erkennen, wohin man tritt.
- Nehmt euch etwas zu trinken mit, denn laufen macht durstig. Auch ein paar Äpfel oder Kekse können nicht schaden.
- Eure Taschenlampe muss auf jeden Fall mit!
- Schärft eure Sinne: Im Dunkeln hört, sieht und riecht man anders und anderes als am Tag.

WENN DIE STIMMUNG KIPPT

Was tun, wenn's auf einmal Ärger mit dem Kumpel, Zickerei mit der Freundin oder eine Heimweh-Attacke gibt? Hier ein paar Tipps:

Wenn's Streit gibt, nicht gleich aufbrausen, sondern erst einmal tief durchatmen.

Streit

Meist hilft es, sich erst einmal zurückzuziehen und nachzudenken. Doch durch Dauerschweigen lassen sich die wenigsten Konflikte beheben. Redet miteinander und sucht eine Lösung. Meist ist ein Kompromiss eine gute Sache.

Heimweh

Das kann und darf jeden mal treffen. Redet mit eurem Zeltnachbarn darüber – vielleicht geht es ihm oder ihr genauso. Oder vertraut euch einem Erwachsenen an. Wenn beides nicht hilft, zu Hause anrufen!

Angst

Was war das denn für ein komisches Geräusch? Ein wildes Tier oder doch nur der schnarchende Nachbar? Fragt euren Zeltnachbarn, ob er es auch gehört hat. Knipst die Taschenlampe an – Licht vertreibt nicht nur Schatten, sondern auch so manche Angst.

ERSTE HILFE

Schürfwunden
Mit klarem Wasser reinigen, dann desinfizieren und mit einem Pflaster oder einer Wundauflage abdecken.

Verbrennungen
Sobald die Haut rot wird, schmerzt's. Fließendes, kaltes Wasser tut gut. Habt ihr eine Wund- und Heilsalbe im Gepäck, könnt ihr sie dünn auftragen.

Zeckenbiss
Sucht euch jeden Abend nach Zecken ab. Solltet ihr eine Zecke finden, bittet einen Erwachsenen, sie mit einer Zeckenkarte zu entfernen. Beobachtet die Stelle weiter. Bildet sich ein weiß-roter Ring, müsst ihr zum Arzt.

Sonnenstich
Euch ist heiß und schlecht und ihr habt Kopfweh – klare Anzeichen für einen Sonnenstich. Legt euch in den Schatten, kühlt euren Kopf mit einem nassen Waschlappen, trinkt etwas und haltet euch von der Sonne fern.

UND TSCHÜSS!

Jeder Urlaub geht einmal zu Ende. Damit ihr euch noch lange an euren Zelttrip erinnert und auch für euren nächsten Urlaub im Freien gut vorbereitet seid, hier einige Tipps für euch:

- Am letzten Abend bekommt jeder einen Zettel und schreibt oder malt sein schönstes Erlebnis darauf. Später könnt ihr die Zettel für alle kopieren, sodass sie jeder zusammen mit seinen Fotos in ein Album kleben kann.
- Am nächsten Morgen werden die Zelte leer geräumt und ausgefegt. Dann macht ihr die Reißverschlüsse zu.
- Löst nun die Abspannleinen, bevor ihr vorsichtig die Heringe aus dem Boden zieht und sauber macht.
- Passt auf, dass ihr keinen Hering überseht. Sie können nicht nur zur Stolperfalle für die nächsten Gäste, sondern auch für Tiere gefährlich werden.
- Wischt den Zeltboden und die Plane vor dem Zusammenlegen mit einem Lappen sauber.
- Entsorgt euren Müll in Mülleimern.
- Feuchte Zelte müssen zu Hause sofort gelüftet werden.

NÜTZLICHE ADRESSEN

Wenn ihr euch informieren wollt, wo ihr überall euer Zelt aufschlagen könnt, werdet ihr im Internet und auch bei den Fremdenverkehrs- oder Tourismusbüros der jeweiligen Städte fündig. Natürlich könnt ihr euch auch an erfahrene Organisationen wie die Pfadfinder oder Die Falken wenden. Sie haben nicht nur viele Infos für euch parat, sondern bieten häufig auch Zeltlager an. Hier eine Liste von hilfreichen Adressen und Links:

www.camping-in-deutschland.de

www.d-camping.de

www.campingfuehrer.adac.de

www.pfadfinden-in-deutschland

www.lagerplatz.de

www.zeltlagerplatz.info

www.wir-falken.de

FOTONACHWEIS

Titelblild: www.corbis.de/Bernd Vogel

Vorsatz: www.fotolia.de/Miroslav

Seite 6:   www.fotolia.de/akiebler

Seite 10:   www.istockphoto.de/Lya_Cattel

Seite 14:   www.fotolia.de/Engine Images

Seite 15:   Britta Kudla

Seite 19:   www.fotolia.de/contrastwerkstatt

Seite 22:   Britta Kudla

Seite 28:   Britta Kudla

Seite 30:   Britta Kudla

Seite 34:   www.istockphoto.de/pixdeluxe

Seite 40:   www.fotolia.de/Galyna Andrushko

Seite 46:   www.istockphoto.de/Jason_V

Seite 51:   www.istockhpoto.de/nano

Seite 56:   www.istockphoto.de/JenCon

Nachsatz: www.istockphoto.de/YanC

HALLO, ABENTEURER!

Noch mehr spannende Informationen findet ihr hier:

Projekt Wald
Forschen und Entdecken
Mit Kuckuckspfeife
ISBN 978-3-8157-5382-2

Projekt Meer und Küste
Forschen und Entdecken
Mit Salzgewinnungsanlage
ISBN 978-3-8157-5221-0

Expedition am Meer
Mit Abenteuerzelt
ISBN 978-3-8157-9834-8

Expedition in den Bergen
Mit Abenteuerzelt
ISBN 978-3-8157-9836-2

Viel Spaß!